## MP3 다운로드 방법

**컴퓨터에서**
- 네이버 블로그 주소란에 **www.lancom.co.kr** 입력 또는 네이버 블로그 검색창에 **랭컴**을 입력하신 후 다운로드

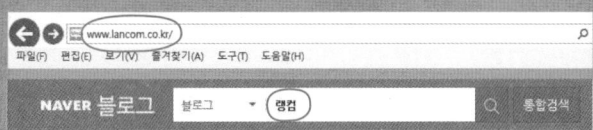

- **www.webhard.co.kr**에서 직접 다운로드
  - 아이디 : lancombook
  - 패스워드 : lancombook

**스마트폰에서**

**콜롬북스 앱**을 통해서 본문 전체가 녹음된 **MP3** 파일을 **무료**로 **다운로드**할 수 있습니다.

- 구글플레이・앱스토어에서 **콜롬북스 앱** 다운로드 및 설치
- 회원 가입 없이 원하는 도서명을 검색 후 **MP3** 다운로드
- 회원 가입 시 더 다양한 **콜롬북스** 서비스 이용 가능

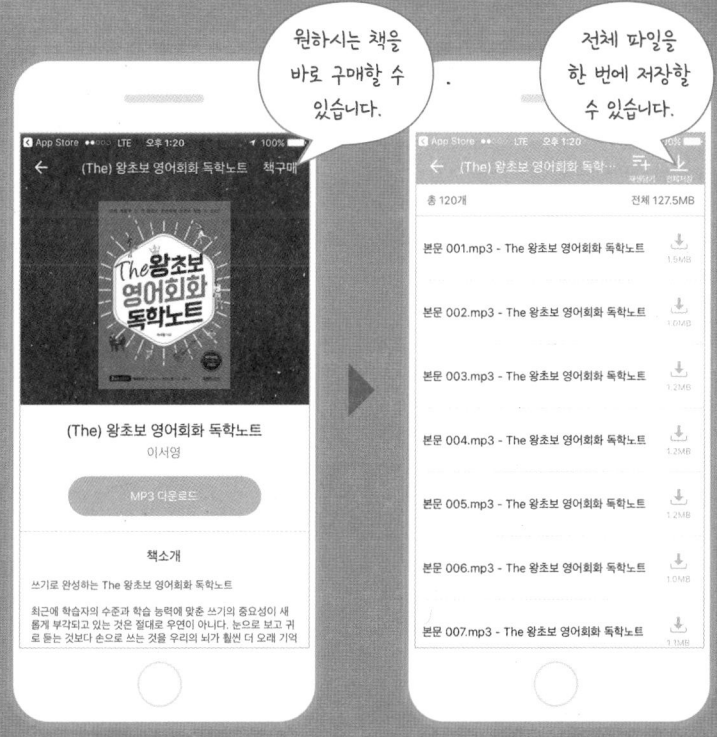

### ▶ mp3 다운로드
www.lancom.co.kr에 접속하여 mp3파일을 무료로 다운로드합니다.

### ▶ 우리말과 원어민의 1 : 1 녹음
책 없이도 공부할 수 있도록 원어민 남녀가 자연스런 속도로 번갈아가며 영어 문장을 녹음하였습니다. 우리말 한 문장마다 원어민 남녀 성우가 각각 1번씩 읽어주기 때문에 한 문장을 두 번씩 듣는 효과가 있습니다.

### ▶ mp3 반복 청취
교재를 공부한 후에 녹음을 반복해서 청취하셔도 좋고, 원어민의 녹음을 먼저 듣고 잘 이해할 수 없는 부분은 교재로 확인해보는 방법으로 공부하셔도 좋습니다. 어떤 방법이든 자신에게 잘 맞는다고 생각되는 방법으로 꼼꼼하게 공부하십시오. 보다 자신 있게 영어를 할 수 있게 될 것입니다.

### ▶ 정확한 발음 익히기
발음을 공부할 때는 반드시 함께 제공되는 mp3 파일을 이용하시기 바랍니다. 언어를 배울 때 듣는 것이 중요하다는 것은 두말할 필요가 없습니다. 오랫동안 자주 반복해서 듣는 연습을 하다보면 어느 순간 갑자기 말문이 열리게 되는 것을 경험할 수 있을 것입니다. 의사소통을 잘 하기 위해서는 말을 잘하는 것도 중요하지만 상대가 말하는 것을 정확하게 듣는 것이 더 중요하다고 합니다. 활용도가 높은 기본적인 표현을 가능한 한 많이 암기할 것과, 동시에 원어민이 읽어주는 문장을 지속적으로 꾸준히 듣는 연습을 병행하시기를 권해드립니다. 듣는 연습을 할 때는 실제로 소리를 내어 따라서 말해보는 것이 더욱 효과적입니다.

# 쓰면서 말해봐 영어회화
### 여행편

**쓰면서 말해봐 영어회화 여행편**

2017년 11월 10일 초판 1쇄 인쇄
2017년 11월 15일 초판 1쇄 발행

지은이 이서영
발행인 손건
편집기획 김상배, 장수경
마케팅 이언영
디자인 이성세
제작 최승용
인쇄 선경프린테크

**발행처 LanCom 랭컴**
주소 서울시 영등포구 영신로38길 17
등록번호 제 312-2006-00060호
전화 02) 2636-0895
팩스 02) 2636-0896
홈페이지 www.lancom.co.kr

ⓒ 랭컴 2017
ISBN 979-11-88112-31-9 13740

이 책의 저작권은 저자에게 있습니다. 저자와 출판사의 허락없이
내용의 일부를 인용하거나 발췌하는 것을 금합니다.

# 쓰면서 말해봐 영어회화

Write and Talk!

여행편

이서영 지음

LanCom
Language & Communication

 들어가며

## 영어회화를 위한 4단계 공부법

읽기 듣기 말하기 쓰기 4단계 영어 공부법은 가장 효과적이라고 알려진 비법 중의 비법입니다. 아무리 해도 늘지 않던 영어 공부, 이제 **읽듣말쓰 4단계** 공부법으로 팔 걷어붙이고 달려들어 봅시다!

### 읽기

왕초보라도 문제없이 읽을 수 있도록 원어민 발음과 최대한 비슷하게 우리말로 발음을 달아 놓았습니다. 우리말 해석과 영어 표현을 눈으로 확인하며 읽어보세요.

✓ **check point!**
- 같은 상황에서 쓸 수 있는 6개의 표현을 확인한다.
- 우리말 해석을 보면서 영어 표현을 소리 내어 읽는다.

### 듣기

책 없이도 공부할 수 있도록 우리말 해석과 영어 문장이 함께 녹음되어 있습니다. 출퇴근 길, 이동하는 도중, 기다리는 시간 등, 아까운 자투리 시간을 100% 활용해 보세요. 듣기만 해도 공부가 됩니다.

- 우리말 해석과 원어민 발음을 서로 연관시키면서 듣는다.
- 원어민 발음이 들릴 때까지 반복해서 듣는다.

### 쓰기

영어 공부의 완성은 쓰기! 손으로 쓰면 우리의 두뇌가 훨씬 더 확실하게, 오래 기억한다고 합니다. 맞쪽에 있는 노트는 공부한 것을 확인하며 쓸 수 있도록 최적화되어 있습니다. 정성껏 쓰다 보면 생각보다 영어 문장이 쉽게 외워진다는 사실에 깜짝 놀라실 거예요.

### ✓ check point!

- 적혀 있는 그대로 읽으면서 따라 쓴다.
- 원어민의 발음을 들으면서 쓴다.
- 표현을 최대한 머릿속에 떠올리면서 쓴다.

## 말하기

듣기만 해서는 절대로 입이 열리지 않습니다. 원어민 발음을 따라 말해보세요. 계속 듣고 말하다 보면 저절로 발음이 자연스러워집니다.

### ✓ check point!

- 원어민 발음을 들으면서 최대한 비슷하게 따라 읽는다.
- 우리말 해석을 듣고 mp3를 멈춘 다음, 영어 문장을 떠올려 본다.
- 다시 녹음을 들으면서 맞는지 확인한다.

## 대화 연습

문장을 아는 것만으로는 충분하지 않습니다. 대화를 통해 문장의 쓰임새와 뉘앙스를 아는 것이 무엇보다 중요하기 때문에 6개의 표현마다 대화문을 하나씩 두었습니다.

### ✓ check point!

- 대화문을 읽고 내용을 확인한다.
- 대화문 녹음을 듣는다.
- 들릴 때까지 반복해서 듣는다.

## 이 책의 내용

### PART 01 출입국

- 01 비행기 예약 — 12
- 02 탑승 수속 — 14
- 03 비행기 안에서 — 16
- 04 기내식사 — 18
- 05 비행기를 갈아탈 때 — 20
- 06 입국심사 — 22
- 07 짐을 찾을 때 — 24
- 08 세관을 통과할 때 — 26
- 09 공항에서 환전을 할 때 — 28
- 10 공항 안내소에서 — 30

### PART 02 숙박

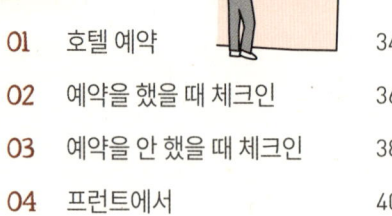

- 01 호텔 예약 — 34
- 02 예약을 했을 때 체크인 — 36
- 03 예약을 안 했을 때 체크인 — 38
- 04 프런트에서 — 40
- 05 룸서비스 — 42
- 06 호텔 시설을 이용할 때 — 44
- 07 외출할 때 — 46
- 08 호텔에서의 트러블 — 48
- 09 체크아웃을 준비할 때 — 50
- 10 체크아웃 — 52

### PART 03 식사

- 01 식당을 찾을 때 — 56
- 02 식당 예약 — 58
- 03 자리에 앉을 때까지 — 60
- 04 식사주문 — 62
- 05 식당에서의 트러블 — 64
- 06 식사를 하면서 — 66
- 07 음식 맛의 표현 — 68
- 08 식당에서의 계산 — 70
- 09 음료와 술을 마실 때 — 72
- 10 패스트푸드점에서 — 74

**Write and Talk!**

## PART 04 교통

- 01 길을 묻거나 알려줄 때 … 78
- 02 택시를 탈 때 … 80
- 03 버스를 탈 때 … 82
- 04 지하철을 탈 때 … 84
- 05 열차를 탈 때 … 86
- 06 비행기를 탈 때 … 88
- 07 렌터카 … 90
- 08 자동차를 운전할 때 … 92
- 09 교통사고가 났을 때 … 94
- 10 위급한 상황일 때 … 96

## PART 05 관광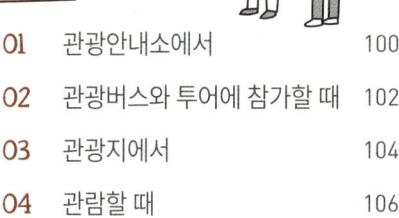

- 01 관광안내소에서 … 100
- 02 관광버스와 투어에 참가할 때 … 102
- 03 관광지에서 … 104
- 04 관람할 때 … 106
- 05 사진을 찍을 때 … 108
- 06 카지노에서 … 110
- 07 클럽·바에서 … 112
- 08 스포츠·레저 즐기기 … 114
- 09 난처할 때 … 116
- 10 말이 통하지 않을 때 … 118

## PART 06 쇼핑

- 01 쇼핑 안내를 받을 때 … 122
- 02 쇼핑몰에서 … 124
- 03 물건을 찾을 때 … 126
- 04 물건을 고를 때 … 128
- 05 물건 값을 흥정할 때 … 130
- 06 물건 값을 계산할 때 … 132
- 07 포장이나 배달을 원할 때 … 134
- 08 교환이나 환불을 원할 때 … 136
- 09 물건을 분실했을 때 … 138
- 10 도난당했을 때 … 140

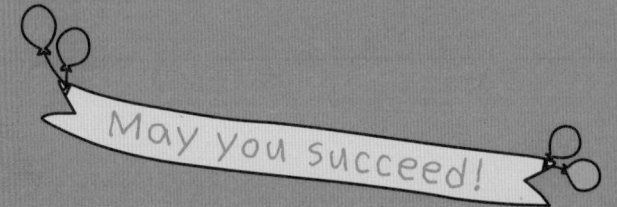

# PART 01

I hope you'll be happy.

✡ 눈으로 읽고
✡ 귀로 듣고
✡ 손으로 쓰고
✡ 입으로 소리내어 말한다!

# 출입국

 **Unit 01 비행기 예약**

>> 녹음을 듣고 소리내어 읽어볼까요?

뉴욕 행 비행기를 예약하고 싶은데요.
## I'd like to book a flight to New York.
아이드 라익 투 부커 플라잇 투 뉴욕

예약을 확인하고 싶은데요.
## I'd like to confirm my reservation.
아이드 라익 투 컨펌 마이 레저베이션

요금이 얼마죠?
## How much is the fare?
하우 머취즈 더 페어

더 저렴한 티켓은 있나요?
## Is there a cheaper ticket?
이즈 데어러 취퍼 티킷

남은 좌석 있나요?
## Are there seats available?
아 데어 씻츠 어베이러블

직항 있나요?
## Is there a non-stop flight?
이즈 데어러 난-스탑 플라잇

**Conversation**

A: **How much is the fare?**
B: **One-way or round trip?**

요금이 얼마죠?
편도인가요, 왕복인가요?

12 • 쓰면서 말해봐 여행편

>> 또박또박 쓰면서 말해볼까요?   >> 말하기 <<

- I'd like to book a flight to New York.

- I'd like to confirm my reservation.

- How much is the fare?

- Is there a cheaper ticket?

- Are there seats available?

- Is there a non-stop flight?

 **Unit 02 탑승 수속**

>> 녹음을 듣고 소리내어 읽어볼까요?    듣기

---

대한항공 탑승 수속 창구가 어디 있어요?
## Where is the Korean Air check-in counter?
웨어리즈 더 코리언 에어 체킨 카운터

---

언제 탑승해요?
## When do we board?
웬 두 위 보드

---

10번 게이트가 어디예요?
## Where is Gate 10?
웨어리즈 게잇 텐

---

여기서 체크인하나요?
## Can I check-in here?
캐나이 체킨 히얼

---

이 게이트로 어떻게 가죠?
## How do I get to this gate?
하우 두 아이 겟 투 디스 게잇

---

이걸 기내에 가지고 들어갈 수 있어요?
## Can I carry this in the cabin?
캐나이 캐리 디스 인 더 캐빈

---

**Conversation**

A: **Your passport and ticket, please.**
B: **Here they are.**
여권과 항공권을 주세요.
여기 있습니다.

 >> 또박또박 쓰면서 말해볼까요?  >> 말하기 <<

✏ Where is the Korean Air check-in counter?

✏ When do we board?

✏ Where is Gate 10?

✏ Can I check-in here?

✏ How do I get to this gate?

✏ Can I carry this in the cabin?

 **Unit 03 비행기 안에서**

»» 녹음을 듣고 소리내어 읽어볼까요?

---

여기는 제 자리인데요.
## This is my seat.
디시즈 마이 씻

---

자리를 바꿔도 될까요?
## Can I change my seat?
캐나이 체인지 마이 씻

---

짐을 위로 올려 주세요.
## Please put this bag up there.
플리즈 풋 디스 백 업 데얼

---

입국신고서 한 장만 더 주세요.
## Can I get another landing card?
캐나이 겟 어나덜 랜딩 카드

---

여기에 뭘 써야 하나요?
## What should I write here?
왓 슈다이 라잇 히얼

---

좀 지나가도 될까요?
## Excuse me, can I get through?
익스큐즈 미, 캐나이 겟 쓰루

---

**Conversation**

A: Excuse me. Can I have another blanket?
B: Sure. Wait a minute, please.

저기요, 담요 한 장 더 주실래요?
그럼요. 잠깐만 기다리세요.

## 또박또박 쓰면서 말해볼까요?  >> 말하기

✏ This is my seat.

✏ Can I change my seat?

✏ Please put this bag up there.

✏ Can I get another landing card?

✏ What should I write here?

✏ Excuse me, can I get through?

 # 기내식사

>> 녹음을 듣고 소리내어 읽어볼까요?

맥주 있어요?
### Do you have beer?
두 유 햅 비얼

콜라 주세요.
### Coke, please.
콕, 플리즈

식사 시간에 깨워주세요.
### Wake me up at mealtime.
웨익 미 업 앳 밀타임

고추장 있어요?
### Do you have red pepper paste?
두 유 햅 렛 페퍼 페이슷

물 좀 주세요.
### Can you get me some water?
캔 유 겟 미 썸 워러

저녁은 언제 나와요?
### When will dinner be served?
웬 윌 디너 비 썹드

**Conversation**
A: **Would you like chicken, or beef?**
B: **Chicken, please.**
치킨 드시겠어요? 아니면 비프로 드시겠어요?
치킨으로 주세요.

## 또박또박 쓰면서 말해볼까요? >> 말하기 <<

- Do you have beer?

- Coke, please.

- Wake me up at mealtime.

- Do you have red pepper paste?

- Can you get me some water?

- When will dinner be served?

# Unit 05 비행기를 갈아탈 때

>> 녹음을 듣고 소리내어 읽어볼까요?

---

이 공항에 어느 정도 머무나요?
### How long will we stop here?
하우 롱 윌 위 스탑 히얼

---

얼마나 머무나요?
### How long is the stopover?
하우 롱 이즈 더 스탑오버

---

얼마나 기다려야 해요?
### How long should I wait?
하우 롱 슈다이 웨잇

---

어디서 갈아타죠?
### Where can I transfer?
웨어 캐나이 트랜스풔

---

환승 카운터는 어디 있어요?
### Where is the transfer counter?
웨어리즈 더 트랜스풔 카운터

---

수속을 다시 밟아야 하나요?
### Do I have to check in again?
두아이 햅 투 체킨 어게인

---

**Conversation**

A: I missed my connecting flight. What should I do?
B: We'll put you on the next flight.

연결편을 놓쳤는데, 어떻게 해야 되죠?
다음 비행기를 잡아 드리겠습니다.

## 또박또박 쓰면서 말해볼까요?

✏ How long will we stop here?

✏ How long is the stopover?

✏ How long should I wait?

✏ Where can I transfer?

✏ Where is the transfer counter?

✏ Do I have to check in again?

 **Unit 06 입국심사**

>> 녹음을 듣고 소리내어 읽어볼까요?

 듣기

---

여권 좀 보여 주시겠습니까?
**May I see your passport, please?**
메아이 씨 유얼 패스폿, 플리즈

---

여행 목적은 무엇입니까?
**What's the purpose of your visit?**
왓츠 더 퍼포우즙 유얼 비짓

---

어느 정도 머무십니까?
**How long are you going to stay?**
하우 롱 알 유 고잉 투 스테이

---

어디에 머무십니까?
**Where are you going to stay?**
웨어라 유 고잉 투 스테이

---

최종 목적지는 어디입니까?
**What's your final destination?**
왓츄얼 파이널 데스터네이션

---

단체 여행을 하시는 건가요?
**Are you traveling in a group?**
알 유 트래벌링 이너 그룹

---

**Conversation**

A: **What's the purpose of your visit?**
B: **Sightseeing**
여행 목적은 무엇입니까?
관광입니다.

## 또박또박 쓰면서 말해볼까요? 　　>> 말하기 <<

✏ May I see your passport, please?

✏ What's the purpose of your visit?

✏ How long are you going to stay?

✏ Where are you going to stay?

✏ What's your final destination?

✏ Are you traveling in a group?

# Unit 07 짐을 찾을 때

>> 녹음을 듣고 소리내어 읽어볼까요?

수화물은 어디서 찾나요?
## Where can I get my baggage?
웨어 캐나이 겟 마이 배기쥐

제 짐이 보이지 않아요.
## I can't find my baggage.
아이 캔트 파인 마이 배기쥐

제 여행가방이 여기에 없어요.
## My suitcase is not here.
마이 슈트케이스 이즈 낫 히얼

제 짐 좀 찾아주시겠어요?
## Could you help me to find my baggage?
쿠쥬 핼프 미 투 파인 마이 배기쥐

짐 특징을 알려 주시겠어요?
## Can you describe your baggage?
캔 유 디스크라입 유얼 배기쥐

제 짐이 파손되었어요.
## My baggage was damaged.
마이 배기쥐 워즈 데미쥐드

**Conversation**

A: **Let me see your claim tag.**
B: **Here it is.**
수화물 보관증을 보여 주십시오.
여기 있습니다.

## 또박또박 쓰면서 말해볼까요? >> 말하기 <<

✏️ Where can I get my baggage?

✏️ I can't find my baggage?

✏️ My suitcase is not here.

✏️ Could you help me to find my baggage?

✏️ Can you describe your baggage?

✏️ My baggage was damaged.

## Unit 08 세관을 통과할 때

» 녹음을 듣고 소리내어 읽어볼까요?   « 듣기 »

---

특별히 신고하실 것이 있습니까?
**Do you have anything to declare?**
두 유 햅 애니씽 투 디클레어

---

가방을 열어 주십시오.
**Open your bag, please.**
오픈 유얼 백, 플리즈

---

이 가방에 무엇이 들어 있습니까?
**What do you have in this bag?**
왓 두 유 햅 인 디스 백

---

그건 제 친구에게 줄 선물입니다.
**It's a gift for my friend.**
잇처 깁트 풔 마이 프랜드

---

다른 짐은 없습니까?
**Do you have any other baggage?**
두 유 햅 애니 어덜 배기쥐

---

좋습니다. 가셔도 됩니다.
**All right. You may go now.**
올 라잇. 유 메이 고 나우

---

**Conversation**

A: **What's this?**
B: **It's a personal article.**
이것은 무엇입니까?
그건 개인용품입니다.

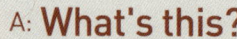

>> 또박또박 쓰면서 말해볼까요?    >> 말하기 <<

✎ Do you have anything to declare?

✎ Open your bag, please.

✎ What do you have in this bag?

✎ It's a gift for my friend.

✎ Do you have any other baggage?

✎ All right. You may go now.

# Unit 09 공항에서 환전을 할 때

>> 녹음을 듣고 소리내어 읽어볼까요?   듣기

환전소는 어디에 있나요?
### Where's the money change?
웨어즈 더 머니 체인쥐

환전 좀 해 주세요.
### Exchange, please.
익스체인쥐, 플리즈

이걸 달러로 바꿔 주세요.
### Can you change this into dollars?
캔 유 체인쥐 디스 인투 달러즈

환율은 어떻게 되죠?
### What's the rate of exchange?
왓츠 더 래이롭 익스체인쥐

이 여행자수표를 현금으로 바꾸고 싶은데요.
### I'd like to cash these traveler's checks.
아이드 라익 투 캐쉬 디즈 트레벌러즈 첵스

(지폐를 건네며) 이걸 잔돈으로 바꿔 주시겠어요?
### May I have some change?
메아이 햅 썸 체인쥐

**Conversation**

A: Where can I exchange money?
B: Go to "Currency Exchange."

환전은 어디서 하나요?
'환전'이라고 표시된 곳으로 가세요.

## 또박또박 쓰면서 말해볼까요? >> 말하기 <<

- Where's the money change?

- Exchange, please.

- Can you change this into dollars?

- What's the rate of exchange?

- I'd like to cash these traveler's checks.

- May I have some change?

 # Unit 10 공항 안내소에서

>> 녹음을 듣고 소리내어 읽어볼까요?   듣기

관광안내소는 어디에 있나요?
## Where's the tourist information center?
웨어즈 더 투어리슷 인풔메이션 센터

---

실례합니다. 시내지도 한 장 얻고 싶은데요.
## Excuse me. I'd like to get a city map, please.
익스큐즈 미. 아이드 라익 투 게러 씨티 맵, 플리즈

---

시내로 들어가는 공항버스는 있나요?
## Is there an airport bus to the city?
이즈 데어런 에어폿 버스 투 더 씨티

---

시내까지 택시비는 얼마 정도입니까?
## How much does it cost to the city center by taxi?
하우 머취 더짓 코슷 투 더 씨티 센터 바이 택시

---

여기서 호텔 예약을 할 수 있나요?
## Can I reserve a hotel here?
캐나이 리저버 호텔 히얼

---

시내 호텔을 예약해 주시겠어요?
## Could you reserve a hotel in the city?
쿠쥬 리저버 호텔 인 더 씨티

---

**Conversation**

A: Excuse me. I'd like to get a city map, please.
B: Yes, here it is.
실례합니다. 시내지도 한 장 얻고 싶습니다.
네, 여기 있습니다.

>> 또박또박 쓰면서 말해볼까요?   >> 말하기 <<

- Where's the tourist information center?

- Excuse me. I'd like to get a city map, please.

- Is there an airport bus to the city?

- How much does it cost to the city center by taxi?

- Can I reserve a hotel here?

- Could you reserve a hotel in the city?

대화 연습 **PART 01**

● 대화 내용의 녹음을 듣고 우리말을 영어로 말해 보세요.

Unit 01

A: 요금이 얼마죠?
B: One-way or round trip?

Unit 02

A: Your passport and ticket, please.
B: 여기 있습니다.

Unit 03

A: Excuse me. 담요 한 장 더 주실래요?
B: Sure. Wait a minute, please.

Unit 04

A: Would you like chicken, or beef?
B: 치킨으로 주세요.

Unit 05

A: 연결편을 놓쳤는데. What should I do?
B: We'll put you on the next flight.

Unit 06

A: What's the purpose of your visit?
B: 관광입니다.

Unit 07

A: Let me see your claim tag.
B: 여기 있습니다.

Unit 08

A: What's this?
B: 그건 개인용품입니다.

Unit 09

A: 환전은 어디서 하나요?
B: Go to "Currency Exchange."

Unit 10

A: Excuse me. 시내지도 한 장 얻고 싶습니다.
B: Yes, here it is.

# 02 PART

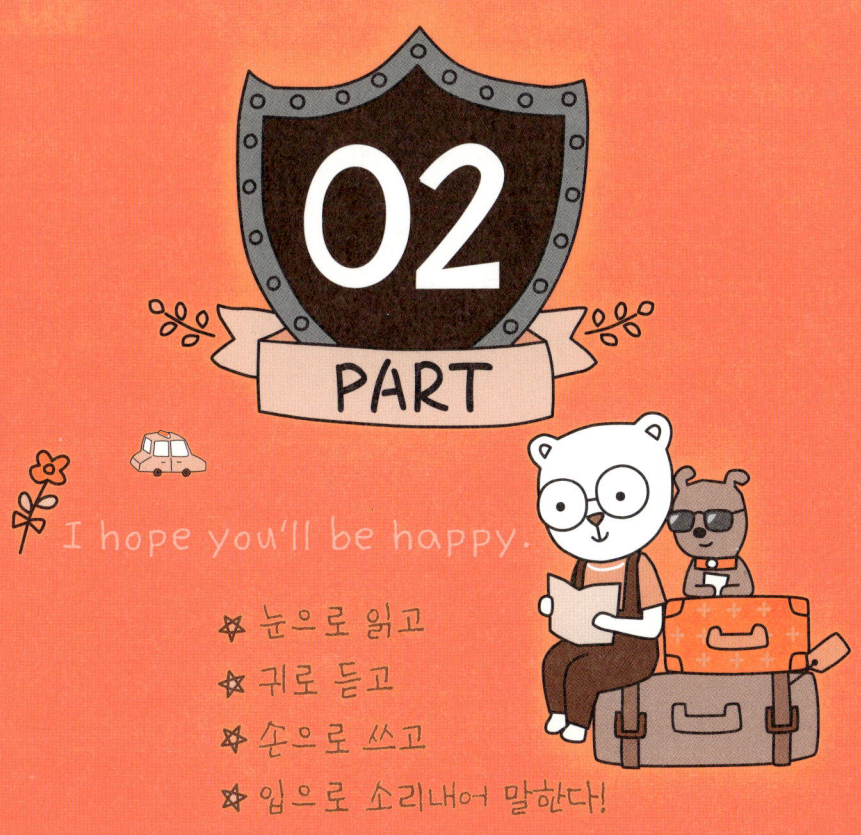

I hope you'll be happy.

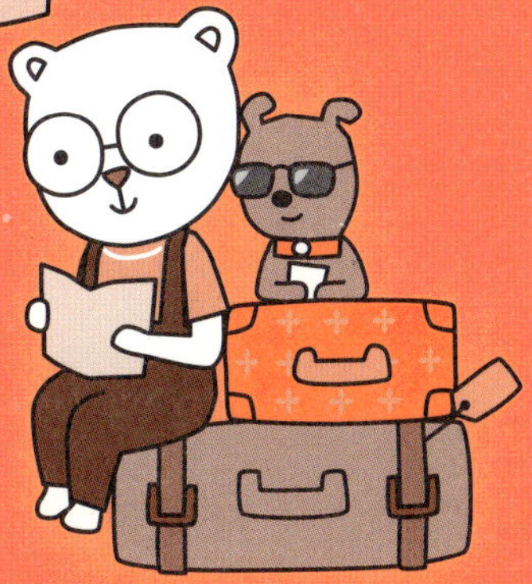

- 눈으로 읽고
- 귀로 듣고
- 손으로 쓰고
- 입으로 소리내어 말한다!

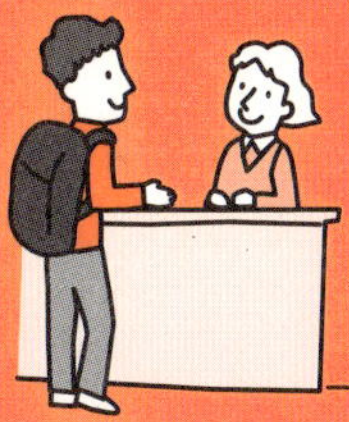

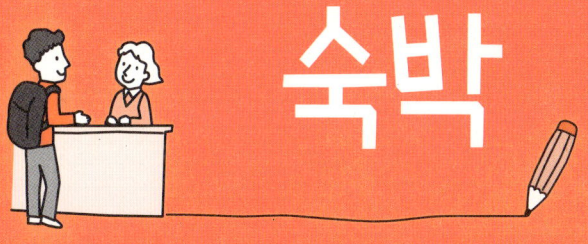

# 숙박

 # 호텔 예약

>> 녹음을 듣고 소리내어 읽어볼까요?  듣기

오늘 밤 호텔을 예약하고 싶은데요.
## I'd like to reserve a hotel room for tonight.
아이드 라익 투 리저버 호텔 룸 풔 투나잇

얼마나 머무실 겁니까?
## How long will you be staying?
하우 롱 윌 유 비 스테잉

1박에 얼마인가요?
## How much for a night?
하우 머취 풔러 나잇

아침식사는 포함된 건가요?
## Is breakfast included?
이즈 브랙퍼슷 인클루딧

예약을 취소하고 싶은데요.
## I'd like to cancel my reservation.
아이드 라익 투 캔슬 마이 레져베이션

예약을 변경하고 싶은데요.
## I'd like to change my reservation.
아이드 라익 투 체인쥐 마이 레져베이션

**Conversation**

A: **What kind of room are you looking for?**
B: **I'd like a single room with bath.**
어떤 방을 원하십니까?
욕실이 딸린 싱글 룸으로 주세요.

>> 또박또박 쓰면서 말해볼까요?   >> 말하기 <<

✏ I'd like to reserve a hotel room for tonight?

✏ How long will you be staying?

✏ How much for a night?

✏ Is breakfast included?

✏ I'd like to cancel my reservation.

✏ I'd like to change my reservation.

# 예약을 했을 때 체크인

>> 녹음을 듣고 소리내어 읽어볼까요?

체크인하고 싶은데요.
## I'd like to check in.
아이드 라익 투 체킨

성함을 말씀해 주시겠어요?
## May I have your name?
메아이 해뷰얼 네임

이 숙박 카드에 기입해 주십시오.
## Please fill in the registration card.
플리즈 필린 더 레쥐스트레이션 카드

죄송하지만, 손님은 예약이 안 되어 있습니다.
## I'm afraid I can't find your reservation.
아임 어프레이드 아이 캔트 파인드 유얼 레저베이션

방 좀 보여 주실래요?
## May I see the room?
메아이 씨 더 룸

방을 바꿔 주시겠어요?
## Could you please change my room?
쿠쥬 플리즈 체인쥐 마이 룸

A: **Do you have a reservation?**
B: **Yes. I have a reservation for Mr. Kim.**
예약을 하셨습니까?
네, '김'이라는 이름으로 예약을 했는데요.

## 또박또박 쓰면서 말해볼까요?   >> 말하기 <<

✎ I'd like to check in.

✎ May I have your name?

✎ Please fill in the registration card.

✎ I'm afraid I can't find your reservation.

✎ May I see the room?

✎ Could you please change my room?

# Unit 03 예약을 안 했을 때 체크인

>> 녹음을 듣고 소리내어 읽어볼까요?

 듣기

---

예약을 안 했는데요.
## I don't have a reservation.
아이 돈트 해버 레저베이션

---

죄송합니다만, 지금은 방이 다 찼습니다.
## I'm afraid we're all filled up now.
아임 어프레이드 위아 올 필덥 나우

---

어떤 방을 원하십니까?
## What kind of room would you like?
왓 카인돕 룸 우쥬 라익

---

싱글 룸으로 드릴까요, 더블 룸으로 드릴까요?
## A single room, or a double room?
어 싱글 룸, 오어러 더블 룸

---

전망이 좋은 방으로 주세요.
## I need a room commanding a good view.
아이 니더 룸 컴맨딩 어 굿 뷰

---

다른 호텔을 알아봐 주시겠어요?
## Would you refer me to another hotel?
우쥬 리풔 미 투 어나더 호텔

---

**Conversation**

A: **Do you have a reservation?**
B: **No, I don't, but do you have a room for tonight?**
예약은 하셨습니까?
안 했는데, 오늘 밤 방이 있나요?

  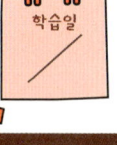

>> 또박또박 쓰면서 말해볼까요?    >> 말하기 <<

- I don't have a reservation.

- I'm afraid we're all filled up now.

- What kind of room would you like?

- A single room, or a double room?

- I need a room commanding a good view.

- Would you refer me to another hotel?

 **Unit 04 프런트에서**

>> 녹음을 듣고 소리내어 읽어볼까요?

이 가방을 한국에 보내려고 하는데요.
# I'd like to send this bag to Korea.
아이드 라익 투 샌 디스 백 투 코리아

---

시내지도 한 장 주시겠어요?
# Can I have a city map?
캐나이 해버 시티 맵

---

이 호텔 주소가 적힌 카드를 주시겠어요?
# Can I have a card with the hotel's address?
캐나이 해버 카드 윗 더 호텔스 어드레스

---

여기서 관광버스 표를 살 수 있나요?
# Can I get a ticket for the sightseeing bus here?
캐나이 게러 티킷 풔 더 싸잇씽 버스 히얼

---

와이파이 비밀번호가 뭐예요?
# What's the password for wi-fi?
왓츠 더 패스워드 풔 와이파이

---

이메일을 체크하고 싶은데요.
# I want to check my e-mail.
아이 원투 첵 마이 이메일

---

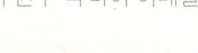

A: **Can you change my room?**
B: **What's the problem?**
방을 바꿔주시겠어요?
무슨 문제라도 있으십니까?

>> 또박또박 쓰면서 말해볼까요?    >> 말하기 <<

✎ I'd like to send this bag to Korea.

✎ Can I have a city map?

✎ Can I have a card with the hotel's address?

✎ Can I get a ticket for the sightseeing bus here?

✎ What's the password for wi-fi?

✎ I want to check my e-mail.

 **Unit 05 룸서비스**

>> 녹음을 듣고 소리내어 읽어볼까요?  듣기

룸서비스 좀 부탁할게요.
# Room service, please.
룸 서비스, 플리즈

룸서비스입니다. 무엇을 도와드릴까요?
# Room service. Can I help you?
룸 서비스. 캐나이 핼퓨

지금 아침식사를 주문할 수 있나요?
# Can I order breakfast now?
캐나이 오더 브랙퍼숫 나우

방 청소를 부탁할게요.
# Please make up this room, please.
플리즈 메이컵 디스 룸, 플리즈

모닝콜을 어떻게 하나요?
# How can I get a wake-up call?
하우 캐나이 게러 웨이컵 콜

룸서비스가 아직 안 왔는데요.
# Room service hasn't come yet.
룸서비스 해즌ㅌ 컴 옛

 **Conversation**

A: Would you bring me boiling water?
B: Your name and room number, please.

뜨거운 물 좀 갖다 주시겠어요?
이름과 방 번호를 말씀해 주십시오.

## 또박또박 쓰면서 말해볼까요?  >> 말하기 <<

- Room service, please.

- Room service. Can I help you?

- Can I order breakfast now?

- Please make up this room, please.

- How can I get a wake-up call?

- Room service hasn't come yet.

# Unit 06 호텔 시설을 이용할 때

>> 녹음을 듣고 소리내어 읽어볼까요?    듣기

---

식당은 어디에 있나요?
### Where is the dining room?
웨어리즈 더 다이닝 룸

---

아침식사는 몇 시에 하죠?
### What time can I have breakfast?
왓 타임 캐나이 햅 브랙퍼슷

---

커피숍은 어디에 있나요?
### Where's the coffee shop?
웨어즈 더 커피 샵

---

세탁 좀 부탁할게요.
### Laundry service, please.
런드리 서비스, 플리즈

---

호텔 안에 이발소가 있나요?
### Is there a beauty barbershop in this hotel?
이즈 데어러 뷰티 바버샵 인 디스 호텔

---

계산은 제 방으로 해 주세요.
### Will you charge it to my room?
윌 유 차짓 투 마이 룸

---

**Conversation**

A: What kind of facilities are there in the hotel?
B: Everything you could possibly want.

호텔에는 어떤 시설이 있나요?
거의 모두 다 있습니다.

 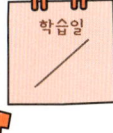

## 또박또박 쓰면서 말해볼까요?  >> 말하기 <<

✎ Where is the dining room?

✎ What time can I have breakfast?

✎ Where's the coffee shop?

✎ Laundry service, please.

✎ Is there a beauty barbershop in this hotel?

✎ Will you charge it to my room?

# 외출할 때

>> 녹음을 듣고 소리내어 읽어볼까요?

듣기

---

열쇠 좀 맡아 주시겠어요?
## Will you keep my room key?
윌 유 킵 마이 룸 키

---

귀중품을 보관하고 싶은데요.
## I want you to take my valuables.
아이 원츄 투 테익 마이 밸류어블즈

---

저한테 메시지는 없나요?
## Do you have any messages for me?
두 유 해버니 메시쥐스 풔 미

---

저에게 온 전화는 있었나요?
## Has anybody called me?
해즈 애니바디 콜드 미

---

맡긴 짐을 주시겠어요?
## May I have my baggage back?
메아이 햅 마이 배기쥐 백

---

열쇠를 주시겠어요?
## Can I have my key?
캐나이 햅 마이 키

---

A: Will you keep my room key?
B: We can do that for you.

열쇠 좀 보관해 주시겠어요?
알겠습니다.

## >> 또박또박 쓰면서 말해볼까요?    >> 말하기 <<

✏ Will you keep my room key?

✏ I want you to take my valuables.

✏ Do you have any messages for me?

✏ Has anybody called me?

✏ May I have my baggage back?

✏ Can I have my key?

# 호텔에서의 트러블

>> 녹음을 듣고 소리내어 읽어볼까요?    듣기

뜨거운 물이 안 나오는데요.
## There's no hot water.
데어즈 노 핫 워러

화장실 변기가 막혔어요.
## The toilet doesn't flush.
더 토일릿 더즌ㅌ 플러쉬

옆방이 너무 시끄러워요.
## The next room's very noisy.
더 넥슷 룸즈 베리 노이지

방이 아직 청소가 안 되어 있는데요.
## My room hasn't been cleaned yet.
마이 룸 해즌ㅌ 빈 클린드 옛

방에 타월이 부족해요.
## I don't have enough towels in my room.
아이 돈ㅌ 햅 이넙 타월즈 인 마이 룸

텔레비전이 고장났어요.
## The TV is out of order.
더 티비 이즈 아우롭 오더

**Conversation**

A: **Could you send someone up to my room?**
B: **Sure, what's the problem.**
잠깐 제 방으로 와 주시겠어요?
네, 무슨 일이십니까?

>> 또박또박 쓰면서 말해볼까요?  >> 말하기 <<

There's no hot water.

The toilet doesn't flush.

The next room's very noisy.

My room hasn't been cleaned yet.

I don't have enough towels in my room.

The TV is out of order.

 **Unit 09 체크아웃을 준비할 때**

>> 녹음을 듣고 소리내어 읽어볼까요?    듣기

---

체크아웃 시간은 몇 시죠?
# When is Check out time?
웨니즈 체카웃 타임

---

몇 시에 떠나실 겁니까?
# What time are you leaving?
왓 타임 알 유 리빙

---

1박을 더 하고 싶은데요.
# I'd like to stay one more night.
아이드 라익 투 스테이 원 모어 나잇

---

하루 일찍 떠나고 싶은데요.
# I'd like to leave one day earlier.
아이드 라익 투 리브 원 데이 얼리어

---

오후까지 방을 쓸 수 있나요?
# May I use the room till this afternoon?
메아이 유즈 더 룸 틸 디스 앱터눈

---

오전 10시에 택시를 불러 주세요.
# Please call a taxi for me at 10 a.m.
플리즈 코러 택시 풔 미 앳 텐 에이엠

---

**Conversation**

A: **What's the check-out time?**
B: **It's noon.**
　체크아웃 시간은 몇 시죠?
　12시입니다.

 또박또박 쓰면서 말해볼까요?　　　　　　　　　　>> 말하기 <<

✎ When is Check out time?

✎ What time are you leaving?

✎ I'd like to stay one more night.

✎ I'd like to leave one day earlier.

✎ May I use the room till this afternoon?

✎ Please call a taxi for me at 10 a.m.

# Unit 10 체크아웃

>> 녹음을 듣고 소리내어 읽어볼까요?  〈〈 듣기 〉〉

---

체크아웃 해 주세요.
## Check out, please.
체카웃, 플리즈

---

맡긴 귀중품을 꺼내 주시겠어요?
## I'd like my valuables from the safe.
아이드 라익 마이 밸류어블즈 프럼 더 세입

---

방에 물건을 두고 나왔어요.
## I left something in my room.
아이 랩트 썸씽 인 마이 룸

---

계산서를 주시겠어요?
## I'd like to take care of my bill.
아이드 라익 투 테익 케어롭 마이 빌

---

봉사료가 포함된 가격인가요?
## Does the price include the service charge?
더즈 더 프라이스 인클루드 더 서비스 차쥐

---

영수증을 주시겠어요?
## Can I have a receipt?
캐나이 해버 리싯

---

**Conversation**

A: I'd like to check out now.
B: What's your room number?

지금 체크아웃을 하고 싶은데요.
몇 호실입니까?

## >> 또박또박 쓰면서 말해볼까요?   >> 말하기 <<

✏ Check out, please.

✏ I'd like my valuables from the safe.

✏ I left something in my room.

✏ I'd like to take care of my bill.

✏ Does the price include the service charge?

✏ Can I have a receipt?

 대화 연습 PART 02

• 대화 내용의 녹음을 듣고 우리말을 영어로 말해 보세요.

**Unit 01**
A: **What kind of room are you looking for?**
B: 욕실이 딸린 싱글 룸으로 주세요.

**Unit 02**
A: **Do you have a reservation?**
B: **Yes.** '김'이라는 이름으로 예약을 했는데요.

**Unit 03**
A: **Do you have a reservation?**
B: 안 했는데, 오늘 밤 방이 있나요?

**Unit 04**
A: 방을 바꿔주시겠어요?
B: **What's the problem?**

**Unit 05**
A: 뜨거운 물 좀 갖다 주시겠어요?
B: **Your name and room number, please.**

**Unit 06**
A: 호텔에는 어떤 시설이 있나요?
B: **Everything you could possibly want.**

**Unit 07**
A: 열쇠 좀 보관해 주시겠어요?
B: **We can do that for you.**

**Unit 08**
A: 잠깐 제 방으로 와 주시겠어요?
B: **Sure, what's the problem.**

**Unit 09**
A: 체크아웃 시간은 몇 시죠?
B: **It's noon.**

**Unit 10**
A: 지금 체크아웃을 하고 싶은데요.
B: **What's your room number?**

# PART 03

*I hope you'll be happy.*

✡ 눈으로 읽고
✡ 귀로 듣고
✡ 손으로 쓰고
✡ 입으로 소리내어 말한다!

## 식사

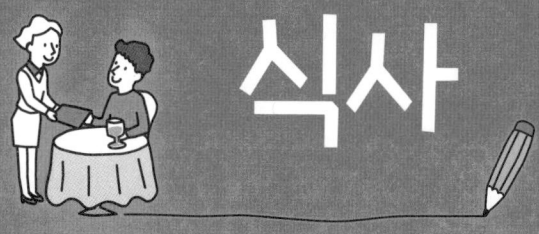

 ## Unit 01 식당을 찾을 때

>> 녹음을 듣고 소리내어 읽어볼까요?

괜찮은 레스토랑 좀 알려 주시겠어요?
### Could you tell me a good restaurant?
쿠쥬 텔 미 어 굿 레스터런

이 근처에 괜찮은 레스토랑이 있어요?
### Is there a good restaurant around here?
이즈 데어러 굿 레스터런 어롸운 히얼

레스토랑이 많은 곳은 어디죠?
### Where is the main area for restaurants?
웨어리즈 더 메인 에어리어 풔 레스터런츠

한식당은 있나요?
### Do you have a Korean restaurant?
두 유 해버 코리언 레스터런

지금 문을 연 레스토랑은 있나요?
### Do you know of any restaurants open now?
두 유 노우 옵 애니 레스터런츠 오픈 나우

이곳 로컬푸드를 먹고 싶은데요.
### I'd like to have some local food.
아이드 라익 투 햅 썸 로컬 푸드

Conversation

A: **Could you recommend a good restaurant?**
B: **The one around the corner is excellent.**
괜찮은 식당 있으면 추천 좀 해주세요.
모퉁이에 좋은 가게가 하나 있습니다.

## >> 또박또박 쓰면서 말해볼까요?   >> 말하기 <<

✏ Could you tell me a good restaurant?

✏ Is there a good restaurant around here?

✏ Where is the main area for restaurants?

✏ Do you have a Korean restaurant?

✏ Do you know of any restaurants open now?

✏ I'd like to have some local food.

# Unit 02 식당 예약

>> 녹음을 듣고 소리내어 읽어볼까요?

 듣기

예약을 해야 하나요?
## Do I need a reservation?
두 아이 니더 레저베이션

예약 좀 해주시겠어요?
## Could you make a reservation for me?
쿠쥬 메이커 레저베이션 풔 미

일행은 몇 분이십니까?
## How large is your party?
하우 라쥐 이쥬어 파티

창가 테이블로 주세요.
## I'd like a table by the window.
아이드 라이커 테이블 바이 더 윈도우

몇 시까지 영업을 하죠?
## How late is it open?
하우 레잇 이짓 오픈

거기는 어떻게 가죠?
## How can I get there?
하우 캐나이 겟 데얼

Conversation

A: I'd like to reserve a table for three.
B: May I have your name, please?

3인용(테이블)을 예약하고 싶은데요.
성함을 말씀해 주시겠어요?

>> 또박또박 쓰면서 말해볼까요?   >> 말하기 <<

- Do I need a reservation?

- Could you make a reservation for me?

- How large is your party?

- I'd like a table by the window.

- How late is it open?

- How can I get there?

 ## 자리에 앉을 때까지

>> 녹음을 듣고 소리내어 읽어볼까요?

예약을 했는데요.
# I have a reservation.
아이 해버 레저베이션

자리 있어요?
# Can we have a table?
캔 위 해버 테이블

몇 분이십니까?
# How many of you, sir?
하우 메니 오뷰, 썰

지금 자리가 다 찼습니다.
# No tables are available now.
노 테이블즈 알 어베이러블 나우

어느 정도 기다려야 하죠?
# How long do we have to wait?
하우 롱 두 위 햅 투 웨잇

저쪽으로 옮길 수 있을까요?
# Could we move over there?
쿳 위 무브 오버 데얼

A: **We need a table for two.**
B: **Please wait to be seated.**
2인용 테이블로 해 주세요.
안내해 드릴 때까지 기다려 주십시오.

>> 또박또박 쓰면서 말해볼까요?   >> 말하기 <<

I have a reservation.

Can we have a table?

How many of you, sir?

No tables are available now.

How long do we have to wait?

Could we move over there?

 **Unit 04 식사주문**

>> 녹음을 듣고 소리내어 읽어볼까요?

주문할게요.
# We are ready to order.
위 알 레디 투 오더

주문하시겠습니까?
# Are you ready to order?
알 유 레디 투 오더

이것으로 주세요.
# I'll take this one.
이일 테익 디스 원

저도 같은 것으로 주세요.
# I'll have the same.
아일 햅 더 쎄임

뭐가 빨리 되죠?
# What can you serve quickly?
왓 캔 유 썹 퀵클리

다른 주문은 없으십니까?
# Anything else?
애니씽 엘스

 **Conversation**

A: Can I see the menu, please?
B: Here's our menu, sir.

메뉴 좀 볼 수 있을까요?
메뉴 여기 있습니다, 손님.

## >> 또박또박 쓰면서 말해볼까요?                    >> 말하기 <<

✏ We are ready to order.

✏ Are you ready to order?

✏ I'll take this one.

✏ I'll have the same.

✏ What can you serve quickly?

✏ Anything else?

# Unit 05 식당에서의 트러블

>> 녹음을 듣고 소리내어 읽어볼까요?

요리가 아직 안 나오는데요.
## We're still waiting for our food.
위아 스틸 웨이팅 풔라워 풋

---

이건 주문을 안 했는데요.
## I didn't order this.
아이 디든ㅌ 오더 디스

---

주문을 바꿔도 될까요?
## Can I change my order?
캐나이 체인쥐 마이 오더

---

주문을 취소하고 싶은데요.
## I want to cancel my order.
아 원투 캔슬 마이 오더

---

음식에 이상한 것이 들어 있어요.
## There is something strange in my food.
데어리즈 썸씽 스트레인쥐 인 마이 풋

---

이 음식이 상한 것 같은데요.
## I'm afraid this food is stale.
아임 어프레이드 디스 풋 이즈 스테일

---

**Conversation**

A: This soup tastes funny.
B: Would you like another one?

수프 맛이 이상한데요.
다른 것으로 드릴까요?

## 또박또박 쓰면서 말해볼까요?  >> 말하기 <<

- We're still waiting for our food.

- I didn't order this.

- Can I change my order?

- I want to cancel my order.

- There is something strange in my food.

- I'm afraid this food is stale.

 **Unit 06 식사를 하면서**

>> 녹음을 듣고 소리내어 읽어볼까요?  듣기

먹는 법을 알려 주시겠어요?
## Could you tell me how to eat this?
쿠쥬 텔 미 하우 투 잇 디스

테이블 좀 치워 주실래요?
## Could you please clear the table?
쿠쥬 플리즈 클리어 더 테이블

물 좀 더 주시겠어요?
## May I have more water?
메아이 햅 모어 워러

빵 좀 더 주세요.
## I'd like some more bread, please.
아이드 라익 썸 모어 브레드, 플리즈

소금 좀 건네주세요.
## Pass me the salt, please.
패쓰 미 더 솔트, 플리즈

이 음식을 싸 주시겠어요?
## Would you wrap this for me?
우쥬 랩 디스 풔 미

**Conversation**

A: Excuse me, Waiter?
B: Yes. Can I help you?
저기요?
예, 뭘 도와드릴까요?

## >> 또박또박 쓰면서 말해볼까요?  >> 말하기 <<

- Could you tell me how to eat this?

- Could you please clear the table?

- May I have more water?

- I'd like some more bread, please.

- Pass me the salt, please.

- Would you wrap this for me?

# Unit 07 음식 맛의 표현

>> 녹음을 듣고 소리내어 읽어볼까요?    듣기

맛이 어때요?
## How does it taste?
하우 더짓 테이슷

정말 맛있어요!
## It's very delicious!
잇츠 베리 딜리셔스

생각보다 맛있군요.
## It's better than I expected.
잇츠 베러 대나이 익스펙티드

이건 제 입맛에 안 맞아요.
## This food doesn't suit my taste.
디스 풋 더즌ㅌ 슈잇 마이 테이슷

먹음직스러워 보이네요.
## That sounds appetizing.
댓 사운드즈 애피타이징

맛있는 냄새가 나는데요.
## That smells delicious.
댓 스멜즈 딜리셔스

**Conversation**

A: **How does it taste?**
B: **It's very good.**
  맛이 어떻습니까?
  아주 맛있는데요.

>> 또박또박 쓰면서 말해볼까요?　　　　　　　　　　　　　　　>> 말하기 <<

✏ How does it taste?

✏ It's very delicious!

✏ It's better than I expected.

✏ This food doesn't suit my taste.

✏ That sounds appetizing.

✏ That smells delicious.

# Unit 08 식당에서의 계산

계산서 좀 갖다 주시겠어요?
## May I have the check, please?
매아이 햅 더 첵, 플리즈

---

어디서 계산하나요?
## Where shall I pay the bill?
웨어 쉘 아이 페이 더 빌

---

봉사료는 포함되어 있나요?
## Is it including the service charge?
이짓 인클루딩 더 써비스 차쥐

---

제가 낼게요.
## I want to treat you.
아이 원투 트릿츄

---

각자 내기로 하죠.
## Let's go Dutch.
렛츠 고 더취

---

이건 당신께 드리는 팁입니다.
## This is a tip for you.
디시저 팁 풔 유

---

**Conversation**

A: **Did you enjoy your lunch?**
B: **I enjoyed it very much.**
점심 식사 맛있게 드셨어요?
아주 맛있게 먹었습니다.

## 또박또박 쓰면서 말해볼까요?  >> 말하기 <<

✏ May I have the check, please?

✏ Where shall I pay the bill?

✏ Is it including the service charge?

✏ I want to treat you.

✏ Let's go Dutch.

✏ This is a tip for you.

# Unit 09 음료와 술을 마실 때

>> 녹음을 듣고 소리내어 읽어볼까요?

커피 한 잔 어때요?
## How about a cup of coffee?
하우 어바우러 커펍 커피

커피 한 잔 주세요.
## A cup of coffee, please.
어 커펍 커피, 플리즈

술 한 잔 어때요?
## How about a drink?
하우 어바우러 드링

맥주 한 잔 드실래요?
## Would you like a beer?
우쥬 라이커 비얼

건배!
## Cheers!
치얼즈

나는 그렇게 술을 많이 마시는 사람은 아니에요.
## I'm not such a big drinker.
아임 낫 서처 빅 드링커

Conversation

A: **This coffee was delicious.**
B: **How about seconds?**

이 커피 맛있네요.
한 잔 더 할래요?

## 또박또박 쓰면서 말해볼까요?  >> 말하기 <<

✎ How about a cup of coffee?

✎ A cup of coffee, please.

✎ How about a drink?

✎ Would you like a beer?

✎ Cheers!

✎ I'm not such a big drinker.

# Unit 10 패스트푸드점에서

>> 녹음을 듣고 소리내어 읽어볼까요?

햄버거 두 개 주세요.
## Can I have two hamburgers?
캐나이 햅 투 햄버걸스

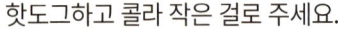

프렌치 프라이 큰 거 하나 주세요.
## One large french fries, please.
원 라쥐 프랜취 프라이스, 플리즈

핫도그하고 콜라 작은 걸로 주세요.
## A hot dog and a small coke, please.
어 핫 독 애너 스몰 콕, 플리즈

케첩을 발라드릴까요, 마요네즈를 발라드릴까요?
## With ketchup or mayonnaise?
위드 케첩 오어 메이어네이즈

(요리를 가리키며) 이걸 샌드위치에 넣어 주세요.
## Put this in the sandwich, please.
풋 디스 인 더 샌드위치, 플리즈

치즈피자 세 조각 주세요.
## Three slices of cheese pizza, please.
쓰리 슬라이시즙 치즈 피자, 플리즈

**Conversation**

A: **For here or to go?**
B: **To go, please.**

여기서 드실 겁니까, 가지고 가실 겁니까?
가지고 갈 겁니다.

## 또박또박 쓰면서 말해볼까요?

>> 말하기 <<

✏ Can I have two hamburgers?

✏ One large french fries, please.

✏ A hot dog and a small coke, please.

✏ With ketchup or mayonnaise?

✏ Put this in the sandwich, please.

✏ Three slices of cheese pizza, please.

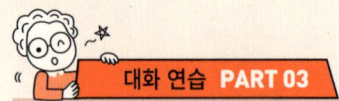 대화 연습 PART 03

● 대화 내용의 녹음을 듣고 우리말을 영어로 말해 보세요.

Unit 01

A: 괜찮은 식당 있으면 추천 좀 해주세요.
B: **The one around the corner is excellent.**

Unit 02

A: 3인용(테이블)을 예약하고 싶은데요.
B: **May I have your name, please?**

Unit 03

A: 2인용 테이블로 해 주세요.
B: **Please wait to be seated.**

Unit 04

A: 메뉴 좀 볼 수 있을까요?
B: **Here's our menu, sir.**

Unit 05

A: 수프 맛이 이상한데요.
B: **Would you like another one?**

Unit 06

A: 저기요?
B: **Yes. Can I help you?**

Unit 07

A: **How does it taste?**
B: 아주 맛있는데요.

Unit 08

A: **Did you enjoy your lunch?**
B: 아주 맛있게 먹었습니다.

Unit 09

A: 이 커피 맛있네요.
B: **How about seconds?**

Unit 10

A: **For here or to go?**
B: 가지고 갈 겁니다.

# PART 04

I hope you'll be happy.

✿ 눈으로 읽고
✿ 귀로 듣고
✿ 손으로 쓰고
✿ 입으로 소리내어 말한다!

## 교통

# Unit 01 길을 묻거나 알려줄 때

>> 녹음을 듣고 소리내어 읽어볼까요?    듣기

---

실례합니다.
## Excuse me.
익스큐즈 미

---

여기가 어디예요?
## Where am I?
웨어래마이

---

가장 가까운 지하철역이 어디 있어요?
## Where is the nearest subway station?
웨어리즈 더 니어리숫 썹웨이 스테이션

---

약도를 좀 그려주시겠어요?
## Could you draw me a map?
쿠쥬 드로우 미 어 맵

---

저도 여기는 처음이에요
## I'm a stranger here myself.
아이머 스트래인저 히얼 마이셀프

---

버스를 타세요.
## Take the bus.
테익 더 버스

---

**Conversation**

A: Could you tell me the way to the subway station?
B: Go along this street.

지하철역으로 가는 길을 가르쳐 주시겠어요?
이 길을 따라 가세요.

## 또박또박 쓰면서 말해볼까요?  >> 말하기 <<

✏ Excuse me.

✏ Where am I?

✏ Where is the nearest subway station?

✏ Could you draw me a map?

✏ I'm a stranger here myself.

✏ Take the bus.

 **Unit 02 택시를 탈 때**

>> 녹음을 듣고 소리내어 읽어볼까요?

택시를 불러 주시겠어요?
## Could you call me a taxi?
쿠쥬 콜 미 어 택시

공항으로 가주세요.
## Please take me to the airport.
플리즈 테익 미 투 디 에어폿

얼마나 걸리죠?
## How long does it take?
하우 롱 더짓 테익

다음 모퉁이에서 왼쪽으로 도세요.
## Turn left at the next corner.
턴 랩트 앳 더 넥슛 코너

여기서 세워주세요.
## Stop here, please.
스탑 히얼, 플리즈

요금이 얼마죠?
## What's the fare?
왓츠 더 페어

A: **Where to, sir?**
B: **To Seoul station, please.**
어디로 모실까요?
서울역으로 가주세요.

## 또박또박 쓰면서 말해볼까요? >> 말하기 <<

✎ Could you call me a taxi?

✎ Please take me to the airport.

✎ How long does it take?

✎ Turn left at the next corner.

✎ Stop here, please.

✎ What's the fare?

 **Unit 03 버스를 탈 때**

>> 녹음을 듣고 소리내어 읽어볼까요?

이 버스 공항에 갑니까?
## Does this bus go to the airport?
더즈 디스 버스 고 투 디 에어폿

다음 정거장은 어디예요?
## What's the next stop?
왓츠 더 넥슷 스탑

버스를 잘못 탔어요.
## I took the wrong bus.
아이 툭 더 렁 버스

내릴 곳을 놓쳤어요.
## I missed my stop.
아이 미스트 마이 스탑

뉴욕행 버스는 얼마나 자주 운행되나요?
## How often do the buses run to New York?
하우 오픈 두 더 버시즈 런 투 뉴욕

이 버스는 타임스퀘어에서 섭니까?
## Does this bus stop at Time Square?
더즈 디스 버스 스탑 앳 타임 스퀘어

**Conversation**
A: **Where's the bus stop?**
B: **It's just across the street.**
버스 정류장이 어디죠?
바로 길 건너편이에요.

 >> 또박또박 쓰면서 말해볼까요?  >> 말하기 <<

✏ Does this bus go to the airport?

✏ What's the next stop?

✏ I took the wrong bus.

✏ I missed my stop.

✏ How often do the buses run to New York?

✏ Does this bus stop at Time Square?

## Unit 04 지하철을 탈 때

》 녹음을 듣고 소리내어 읽어볼까요?    듣기

지하철 노선도를 얻을 수 있을까요?
**Can I have a subway map?**
캐나이 해버 썹웨이 맵

이 근처에 지하철역이 있습니까?
**Is the subway station near here?**
이즈 더 썹웨이 스테이션 니어 히얼

표는 어디서 살 수 있습니까?
**Where can I buy a ticket?**
웨어 캐나이 바이 어 티킷

어느 선이 센트럴 파크로 갑니까?
**Which line goes to Central Park?**
위치 라인 고우즈 투 센츄럴 팍

맨하탄에 가려면 어디서 갈아탑니까?
**Where do I have to change for Manhattan?**
웨어 두아이 햅투 췌인지 풔 맨해튼

공항까지 정거장이 몇 개 있어요?
**How many stops is it to the Airport?**
하우 매니 스탑스 이짓 투 디 에어폿

### Conversation

A: Can I have a subway map?
B: Yes, it's over there.

지하철 노선도를 얻을 수 있을까요?
네, 저기 있습니다.

## 또박또박 쓰면서 말해볼까요?  >> 말하기 <<

✏ Can I have a subway map?

✏ Is the subway station near here?

✏ Where can I buy a ticket?

✏ Which line goes to Central Park?

✏ Where do I have to change for Manhattan?

✏ How many stops is it to the Airport?

# 열차를 탈 때

>> 녹음을 듣고 소리내어 읽어볼까요?

**매표소가 어디 있어요?**
## Where is the ticket office?
웨어리즈 더 티킷 오피스

**이 열차가 시카고 행 열차예요?**
## Is this going to Chicago?
이즈 디스 고잉 투 시카고

**열차가 얼마나 자주 옵니까?**
## How often does the train come?
하우 오픈 더즈 더 트레인 컴

**이 열차 그 역에서 정차합니까?**
## Does this train stop at the station?
더즈 디스 트레인 스탑 앳 더 스테이션

**별도의 요금을 내야 합니까?**
## Do I have to pay an extra charge?
두 아이 햅 투 페이 언 엑스트라 차쥐

**식당칸은 있습니까?**
## Does the train have a dining car?
더즈 더 트레인 해버 다이닝 카르

A: **Which platform is for Busan?**
B: **Platform 2.**
부산으로 가려면 어느 플랫폼으로 가야 해요?
2번 플랫폼요.

>> 또박또박 쓰면서 말해볼까요? >> 말하기 <<

- Where is the ticket office?

- Is this going to Chicago?

- How often does the train come?

- Does this train stop at the station?

- Do I have to pay an extra charge?

- Does the train have a dining car?

# Unit 06 비행기를 탈 때

>> 녹음을 듣고 소리내어 읽어볼까요?

---

탑승 수속은 언제 하죠?
## When should I check in?
웬 슈다이 체킨

---

창문 옆 좌석을 주세요.
## Please give me a window seat.
플리즈 깁 미 어 윈도우 씻

---

출발 시간이 언제죠?
## When does this airplane take off?
웬 더즈 디스 에어플레인 테이콥

---

비행기를 타러 어디로 가죠?
## Where is the gate for this flight?
웨어리즈 더 게잇 풔 디스 플라잇

---

이건 가지고 들어갈 수 있어요?
## Can I carry this with me?
캐나이 캐리 디스 윗 미

---

제 자리는 어디죠?
## Where's my seat, please?
웨어즈 마이 씻, 플리즈

---

A: **Can I see your ticket, please?**
B: **Yes, here it is.**
탑승권을 보여 주시겠어요?
네, 여기 있습니다.

## 또박또박 쓰면서 말해볼까요? >> 말하기 <<

- When should I check in?

- Please give me a window seat.

- When does this airplane take off?

- Where is the gate for this flight?

- Can I carry this with me?

- Where's my seat, please?

# Unit 07 렌터카

>> 녹음을 듣고 소리내어 읽어볼까요?

듣기

---

어디서 차를 빌리죠?
## Where can I rent a car?
웨어 캐나이 렌터 카ㄹ

---

렌터카 영업소는 어디에 있죠?
## Where's the rent-a-car firm?
웨얼즈 더 렌-터-카ㄹ 퓜

---

차를 빌리고 싶은데요.
## I'd like to rent a car.
아이드 라익 투 렌터 카ㄹ

---

요금표를 보여 주시겠어요?
## May I see the rate list?
메아이 씨 더 레잇 리슷

---

3일간 차를 빌리고 싶은데요.
## I want to rent a car for three days.
아 원투 렌터 카ㄹ 풔 쓰리 데이즈

---

소형차는 있어요?
## Do you have economy cars?
두 유 햅 이커너미 카ㄹ즈

---

**Conversation**

A: **What kind of car do you want?**
B: **An automatic sedan, please.**

어떤 차를 원하세요?
오토 세단을 주세요.

- Where can I rent a car?

- Where's the rent-a-car firm?

- I'd like to rent a car.

- May I see the rate list?

- I want to rent a car for three days.

- Do you have economy cars?

## Unit 08 자동차를 운전할 때

>> 녹음을 듣고 소리내어 읽어볼까요?

주유소를 찾고 있는데요.
### I'm looking for a gas station.
아임 룩킹 풔러 개스 스테이션

여기에 주차해도 될까요?
### Can I park here?
캐나이 팍 히얼

차가 시동이 안 걸려요.
### This car doesn't work.
디스 카ㄹ 더즌ㅌ 웍

가득 넣어주세요.
### Fill it up, please.
필립 업, 플리즈

타이어가 펑크 났어요.
### I had a flat tyre.
아이 해더 플랫 타이어

다음 휴게소까지 얼마나 멀어요?
### How far is it to the next services?
하우 파 이짓 투 더 넥슷 서비시스

A: **Why did you stop me?**
B: **You exceeded the speed limit.**
   왜 저를 세우셨습니까?
   선생님께서는 제한속도를 위반하셨습니다.

>> 또박또박 쓰면서 말해볼까요?  >> 말하기 <<

- I'm looking for a gas station.

- Can I park here?

- This car doesn't work.

- Fill it up, please.

- I had a flat tyre.

- How far is it to the next services?

# Unit 09 교통사고가 났을 때

▶▶ 녹음을 듣고 소리내어 읽어볼까요?   듣기

---

오늘 아침에 교통사고를 당했어요.
## I had a traffic accident this morning.
아이 해더 트래픽 액씨던트 디스 모닝

---

제 탓이 아니에요.
## It wasn't my fault.
잇 워즌트 마이 펄트

---

그의 차가 내 차 옆면을 들이받았어요.
## His car hit the side of my car.
히즈 카ㄹ 힛 더 사이돕 마이 카ㄹ

---

내 차가 조금 찌그러졌어요.
## My car has some dents.
마이 카ㄹ 해즈 썸 덴츠

---

보험 처리가 될까요?
## Will the insurance cover it?
윌 디 인슈어런스 커버릿

---

구급차를 불러 주세요.
## Please call an ambulance!
플리즈 콜 언 앰뷸런스

---

**Conversation**

A: **There was a car accident.**
B: **When did it happen?**
교통사고가 있었어요.
언제 사고가 일어났습니까?

## 또박또박 쓰면서 말해볼까요? >> 말하기 <<

- I had a traffic accident this morning.

- It wasn't my fault.

- His car hit the side of my car.

- My car has some dents.

- Will the insurance cover it?

- Please call an ambulance!

# Unit 10 위급한 상황일 때

>> 녹음을 듣고 소리내어 읽어볼까요?    << 듣기 >>

무엇을 원하세요?
## What do you want?
왓 두 유 원트

그만 두세요!
## Stop it!
스타핏

잠깐! 뭘 하는 겁니까?
## Hey! What are you doing?
헤이! 워라유 두잉

가까이 오지 마세요.!
## Stay away from me!
스테이 어웨이 프럼 미

도와주세요!
## Help me!
핼프 미

경찰 아저씨!
## Police!
폴리스

**Conversation**

A: 911 emergency Services.
B: Help me, I'm in the pit!

911 긴급구조대입니다.
도와주세요, 구덩이에 빠졌어요!

>> 또박또박 쓰면서 말해볼까요?   >> 말하기 <<

✏ What do you want?

✏ Stop it!

✏ Hey! What are you doing?

✏ Stay away from me!

✏ Help me!

✏ Police!

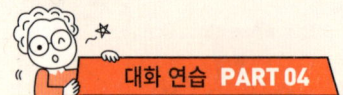 대화 연습 PART 04

- 대화 내용의 녹음을 듣고 우리말을 영어로 말해 보세요.

Unit 01

A: 지하철역으로 가는 길을 가르쳐 주시겠어요?

B: **Go along this street.**

Unit 02

A: 어디로 모실까요?

B: **To Seoul station, please.**

Unit 03

A: 버스 정류장이 어디죠?

B: **It's just across the street.**

Unit 04

A: 지하철 노선도를 얻을 수 있을까요?

B: **Yes, it's over there.**

Unit 05

A: **Which platform is for Busan?**

B: 2번 플랫폼요.

Unit 06

A: **Can I see your ticket, please?**

B: 네, 여기 있습니다.

Unit 07

A: **What kind of car do you want?**

B: 오토 세단을 주세요.

Unit 08

A: 왜 저를 세우셨습니까?

B: **You exceeded the speed limit.**

Unit 09

A: 교통사고가 있었어요.

B: **When did it happen?**

Unit 10

A: **911 emergency Services.**

B: 도와주세요, 구덩이에 빠졌어요!

# PART 05

I hope you'll be happy.

✦ 눈으로 읽고
✦ 귀로 듣고
✦ 손으로 쓰고
✦ 입으로 소리내어 말한다!

관광

# Unit 01 관광안내소에서

>> 녹음을 듣고 소리내어 읽어볼까요?　 듣기

---

시내 투어는 있습니까?
## Is there a city tour?
이즈 데어러 씨리 투어

---

무료 시내지도는 있나요?
## Do you have a free city map?
두 유 해버 프리 씨리 맵

---

민박 목록은 있어요?
## Do you have a list of B&Bs?
두 유 해버 리스톱 비앤비즈

---

꼭 구경해야 할 곳을 몇 군데 가르쳐 주세요.
## Please tell me some of the places I should visit.
플리즈 텔 미 썸 옵 더 플레이스 아이 슛 비짓

---

도시를 둘러보는 가장 좋은 방법은 뭐예요?
## What's the best way of seeing around the city?
왓츠 더 베슷 웨이 옵 씨잉 어라운 더 씨리

---

관광객을 위한 안내책자는 있나요?
## Do you have a tourist guide brochure?
두 유 해버 투어리슷 가이드 브로슈어

---

**Conversation**

A: Do you have any brochures on local attractions?
B: Sure, here it is.

지역 명소에 관한 안내책자 같은 거 있어요?
그럼요, 여기 있습니다.

>> 또박또박 쓰면서 말해볼까요?  >> 말하기 <<

- Is there a city tour?

- Do you have a free city map?

- Do you have a list of B&Bs?

- Please tell me some of the places I should visit.

- What's the best way of seeing around the city?

- Do you have a tourist guide brochure?

 ## 관광버스와 투어에 참가할 때

>> 녹음을 듣고 소리내어 읽어볼까요?

관광여행을 하고 싶은데요.
### I'd like to take a sightseeing tour.
아이드 라익 투 테이커 싸잇씽 투어

관광버스 투어는 있나요?
### Is there a sightseeing bus tour?
이즈 데어러 싸잇씽 버스 투어

어떤 종류의 투어가 있어요?
### What kind of tours do you have?
왓 카인돕 투어스 두 유 햅

하루 코스는 있나요?
### Do you have a full-day tour?
두 유 해버 풀-데이 투어

야간 투어는 있나요?
### Do you have a night tour?
두 유 해버 나잇 투어

개인당 비용은 얼마죠?
### What's the rate per person?
왓츠 더 레잇 퍼 퍼슨

A: **Where does it start?**
B: **It starts from the hotel.**
어디서 출발하죠?
호텔에서 출발합니다.

>> 또박또박 쓰면서 말해볼까요?   >> 말하기 <<

✎ I'd like to take a sightseeing tour.

✎ Is there a sightseeing bus tour?

✎ What kind of tours do you have?

✎ Do you have a full-day tour?

✎ Do you have a night tour?

✎ What's the rate per person?

# Unit 03 관광지에서

>> 녹음을 듣고 소리내어 읽어볼까요?

듣기

저게 뭐죠?
## What is that?
와리즈 댓

저게 뭔지 아세요?
## Do you know what that is?
두 유 노우 왓 대리즈

저기 있는 저 동상은 뭐죠?
## What's that statue over there?
왓츠 댓 스태츄 오버 데얼

이 건물은 왜 유명하죠?
## What is this building famous for?
와리즈 디스 빌딩 페이머스 풔

정말 아름다운 경치네요!
## What a beautiful sight!
와러 뷰티펄 싸잇

전망이 기가 막히네요!
## What a fantastic view!
와러 팬태스틱 뷰

 Conversation

A: **How long does this tour take?**
B: **It'll take about 4 hours.**
이 코스를 여행하는 데 시간이 얼마나 걸려요?
대략 4시간 정도 걸릴 거예요.

## 또박또박 쓰면서 말해볼까요? 〉〉 말하기 〈〈

- What is that?

- Do you know what that is?

- What's that statue over there?

- What is this building famous for?

- What a beautiful sight!

- What a fantastic view!

# Unit 04 관람할 때

>> 녹음을 듣고 소리내어 읽어볼까요?   듣기

---

입장료는 얼마예요?
## How much is the admission fee?
하우 머취즈 디 어드미션 피

---

어른 두 장 주세요.
## Two adults, please.
투 어덜츠, 플리즈

---

오후 6시에 폐관합니다.
## The closing time is 6 p.m.
더 클로징 타임 이즈 식스 피엠

---

이 입체 전시물들 대단하지 않아요?
## Aren't these dioramas excellent?
안트 디즈 다이어라머즈 엑셀런트

---

만지지 마세요.
## Don't touch it.
돈트 터칫

---

피카소 작품은 어디 있어요?
## Where are the works of Picasso?
웨어라 더 웍스 옵 피카소우

---

**Conversation**

A: Excuse me. Where's the museum?
B: Go straight for about a mile.

실례합니다. 박물관이 어디 있습니까?
곧장 1마일쯤 가세요.

106 • 쓰면서 말해봐 여행편

## 또박또박 쓰면서 말해볼까요? 〉〉 말하기 〈〈

- How much is the admission fee?

- Two adults, please.

- The closing time is 6 p.m.

- Aren't these dioramas excellent?

- Don't touch it.

- Where are the works of Picasso?

 **Unit 05 사진을 찍을 때**

>> 녹음을 듣고 소리내어 읽어볼까요?

---

여기서 사진 찍어도 되나요?
## Can I take a picture here?
캐나이 테이커 픽춰 히얼

---

여기서 플래시를 사용해도 되나요?
## May I use a flash here?
메아이 유저 플래쉬 히얼

---

사진 좀 찍어 주시겠어요?
## Could you take a picture of me, please?
쿠쥬 테이커 픽쳐 옵 미, 플리즈

---

이 버튼만 누르세요.
## Just press this button.
저슷 프레스 디스 버튼

---

같이 사진 찍어도 될까요?
## Can I take a picture with you?
캐나이 테이커 픽춰 위듀

---

셀카 찍자.
## Let's take a selfie.
렛츠 테이커 셀피

---

**Conversation**

A: **Is it OK to take pictures here?**
B: **Yes, of course.**

여기서 사진 찍어도 되나요?
그럼요, 물론이죠.

## 또박또박 쓰면서 말해볼까요?

- Can I take a picture here?

- May I use a flash here?

- Could you take a picture of me, please?

- Just press this button.

- Can I take a picture with you?

- Let's take a selfie.

## Unit 06 카지노에서

>> 녹음을 듣고 소리내어 읽어볼까요?

괜찮은 카지노를 소개해 주시겠어요?
### Could you recommend a good casino?
쿠쥬 레커멘더 굿 커시노

여기서는 어떤 게임(도박)을 할 수 있어요?
### What kind of gambling can we play here?
왓 카인돕 갬벌링 캔 위 플레이 히얼

이 호텔에는 카지노가 있나요?
### Is there any casino in this hotel?
이즈 데어레니 커시노 인 디스 호텔

게임(도박)을 하고 싶은데요.
### I'd like to play gambling.
아이드 라익 투 플레이 갬벌링

칩을 현금으로 바꿔 주세요.
### Cash my chips, please.
캐쉬 마이 칩스, 플리즈

이제 그만할게요.
### I'll stop here.
아월 스탑 히얼

**Conversation**

A: Where do I buy chips?
B: You can get them from me.
칩은 어디서 사죠?
여기서 살 수 있습니다.

110 · 쓰면서 말해봐 여행편

>> 또박또박 쓰면서 말해볼까요?   >> 말하기 <<

- Could you recommend a good casino?

- What kind of gambling can we play here?

- Is there any casino in this hotel?

- I'd like to play gambling.

- Cash my chips, please.

- I'll stop here.

 # Unit 07 클럽·바에서

>> 녹음을 듣고 소리내어 읽어볼까요?

이 근처에 유흥업소가 있나요?
**Are there any clubs and bars around here?**
알 데어래니 클럽스 앤 바스 어라운 히얼

괜찮은 나이트클럽 좀 추천해 주시겠어요?
**Could you recommend a good night club?**
쿠쥬 레커멘더 굿 나잇 클럽

디스코텍에 데리고 가주세요.
**Take me to the disco, please.**
테익 미 투 더 디스코, 플리즈

그 클럽의 쇼는 어떤 것이죠?
**What kind of show do they have?**
왓 카인돕 쇼 두 데이 햅

술값은 내나요?
**Do you charge for drinks?**
두 유 차쥐 풔 드링스

같이 춤을 추시겠어요?
**Would you dance with me?**
우쥬 댄스 위드 미

 Conversation

A: **When does the show start?**
B: **Very soon, sir.**
쇼는 언제 시작되죠?
곧 시작됩니다.

 >> 또박또박 쓰면서 말해볼까요?  >> 말하기 <<

- Are there any clubs and bars around here?

- Could you recommend a good night club?

- Take me to the disco, please.

- What kind of show do they have?

- Do you charge for drinks?

- Would you dance with me?

 # 스포츠·레저 즐기기

Unit 08

>> 녹음을 듣고 소리내어 읽어볼까요?  듣기

미식축구 경기를 보고 싶은데요.
## I want to see an American football game.
아이 원투 씨 언 어메리컨 풋볼 게임

표는 구할 수 있나요?
## Can I get a ticket?
캐나이 개러 티킷

좋아하는 스포츠가 뭐예요?
## What's your favorite sport?
왓츄얼 페이버릿 스포츠

오늘 플레이할 수 있어요?
## Can we play today?
캔 위 플레이 투데이

스키 용품은 어디서 빌릴 수 있죠?
## Where can I rent ski equipment?
웨어 캐나이 렌트 스키 이큅먼ㅌ

서핑보드를 빌리고 싶은데요.
## I'd like to rent a surfboard.
아이드 라익 투 렌터 서프보드

---

 **Conversation**

A: **Can I make a reservation for golf?**
B: **Surely. When do you want to play golf?**

골프 예약을 해 주시겠어요?
알겠습니다. 언제 하시겠습니까?

>> 또박또박 쓰면서 말해볼까요?    >> 말하기 <<

- I want to see an American football game.

- Can I get a ticket?

- What's your favorite sport?

- Can we play today?

- Where can I rent ski equipment?

- I'd like to rent a surfboard.

 **Unit 09 난처할 때**

» 녹음을 듣고 소리내어 읽어볼까요? <<듣기>>

문제가 생겼어요.
## I have a problem.
아이 해버 프라블럼

어렵군요.
## That's difficult.
댓츠 디피컬트

어떡하면 좋을지 모르겠어요.
## I'm at a loss.
아임 애러 로스

꼼짝 못하게 갇혔어요.
## I'm stuck.
아임 스턱

최악이야.
## It's terrible.
잇츠 테러블

죽을 지경이에요.
## I'm on the ropes.
아임 온 더 롭스

**Conversation**
A: **What's wrong with you?**
B: **I'm on the ropes.**
뭐가 잘못 됐어요?
죽을 지경이에요.

## 또박또박 쓰면서 말해볼까요? >> 말하기 <<

✏ I have a problem.

✏ That's difficult.

✏ I'm at a loss.

✏ I'm stuck.

✏ It's terrible.

✏ I'm on the ropes.

## Unit 10 말이 통하지 않을 때

>> 녹음을 듣고 소리내어 읽어볼까요?     듣기

미안하지만 다시 한번요?
### Pardon?
파든

다시 한번 말씀해주시겠어요?
### Would you repeat that?
우쥬 리핏 댓

좀 더 천천히 말씀해 주시겠어요?
### Would you speak more slowly?
우쥬 스픽 모어 슬로리

이 단어의 의미는 무엇입니까?
### What does this word mean?
왓 더즈 디스 워드 민

여기 한국어를 하는 사람 있어요?
### Does anyone here speak Korean?
더즈 애니원 히얼 스픽 코리언

미안합니다만, 못 들었어요.
### I'm sorry, but I couldn't hear you.
아임 쏘리, 벗 아이 쿠든트 히얼 유

Conversation

A: Do you speak English?
B: I don't speak English well.
영어하세요?
영어를 잘하지는 못합니다.

>> 또박또박 쓰면서 말해볼까요?   >> 말하기 <<

✎ Pardon?

✎ Would you repeat that?

✎ Would you speak more slowly?

✎ What does this word mean?

✎ Does anyone here speak Korean?

✎ I'm sorry, but I couldn't hear you.

 대화 연습 PART 05

● 대화 내용의 녹음을 듣고 우리말을 영어로 말해 보세요.

**Unit 01**

A: 지역 명소에 관한 안내책자 같은 거 있어요?

B: **Sure, here it is.**

**Unit 02**

A: 어디서 출발하죠?

B: **It starts from the hotel.**

**Unit 03**

A: 이 코스를 여행하는 데 시간이 얼마나 걸려요?

B: **It'll take about 4 hours.**

**Unit 04**

A: **Excuse me.** 박물관이 어디 있습니까?

B: **Go straight for about a mile.**

**Unit 05**

A: 여기서 사진 찍어도 되나요?

B: **Yes, of course.**

**Unit 06**

A: 칩은 어디서 사죠?

B: **You can get them from me.**

**Unit 07**

A: 쇼는 언제 시작되죠?

B: **Very soon, sir.**

**Unit 08**

A: 골프 예약을 해 주시겠어요?

B: **Surely. When do you want to play golf?**

**Unit 09**

A: **What's wrong with you?**

B: 죽을 지경이에요.

**Unit 10**

A: **Do you speak English?**

B: 영어를 잘하지는 못합니다.

I hope you'll be happy.

✪ 눈으로 읽고
✪ 귀로 듣고
✪ 손으로 쓰고
✪ 입으로 소리내어 말한다!

# 쇼핑

# Unit 01 쇼핑 안내를 받을 때

>> 녹음을 듣고 소리내어 읽어볼까요?   듣기

---

쇼핑가는 어디죠?
## Where is the shopping area?
웨어리즈 더 샤핑 에어리어

---

가장 큰 쇼핑센터는 어디에 있어요?
## Where is the biggest shopping center?
웨어리즈 더 빅기스트 샤핑 센터

---

여기서 가장 가까운 슈퍼마켓은 어디죠?
## Where is the nearest supermarket from here?
웨어리즈 더 니어리숫 슈퍼마켓 프롬 히얼

---

집사람에게 줄 선물을 찾고 있는데요.
## I'm looking for a gift for my wife.
아임 룩킹 풔러 깁트 풔 마이 와이프

---

백화점은 어디에 있어요?
## Where is the department store?
웨어리즈 더 디파트먼트 스토어

---

면세점은 어디 있어요?
## Where is the duty free shop, please?
웨어리즈 더 듀리 프리 샵, 플리즈

---

**Conversation**

A: **Where's a good area for shopping?**
B: **5th(fifth) Avenue is good.**

쇼핑하기에 어디가 좋죠?
5번가가 좋아요.

## >> 또박또박 쓰면서 말해볼까요?  >> 말하기 <<

- Where is the shopping area?

- Where is the biggest shopping center?

- Where is the nearest supermarket from here?

- I'm looking for a gift for my wife.

- Where is the department store?

- Where is the duty free shop, please?

 **Unit 02 쇼핑몰에서**

>> 녹음을 듣고 소리내어 읽어볼까요?

---

매장 안내소는 어디에 있죠?
# Where is the information booth?
웨어리즈 디 인풔메이션 부스

---

엘리베이터는 어디 있어요?
# Where can I find the elevators?
웨얼 캐나이 파인 더 엘리베이럴즈

---

쇼핑 카트 있는 데가 어디죠?
# Where can I get a shopping cart?
웨어 캐나이 게러 샤핑 카르트

---

그건 몇 층에 있나요?
# Which floor is it on?
위치 플로어 이짓 온

---

화장품 코너는 어디에 있나요?
# Where is the cosmetic counter?
웨어리즈 더 카즈메틱 카운터

---

이건 언제쯤 세일을 하죠?
# When is it going to be on sale?
웨니즈 잇 고잉 투 비 온 세일

---

**Conversation**

A: Do you have a floor plan?
B: Yes, sir. Here you are.
　매장 안내도 있나요?
　네, 여기 있습니다.

## 또박또박 쓰면서 말해볼까요?  >> 말하기 <<

- Where is the information booth?

- Where can I find the elevators?

- Where can I get a shopping cart?

- Which floor is it on?

- Where is the cosmetic counter?

- When is it going to be on sale?

# Unit 03 물건을 찾을 때

>> 녹음을 듣고 소리내어 읽어볼까요?   듣기

도와드릴까요?
## May I help you?
메아이 핼퓨

신발 매장은 어디 있어요?
## Where can I find the shoes?
웨어 캐나이 파인더 슈즈

화장품 매장은 몇 층이에요?
## Which floor is the cosmetics?
위치 플로어 이즈 더 카즈메틱스

그냥 둘러보고 있습니다.
## I'm just looking.
아임 저슷 룩킹

제가 찾는 물건이 아닙니다.
## That's not what I wanted.
댓츠 낫 워라이 원티드

더 작은 것은 없어요?
## Don't you have a smaller one?
돈츄 해버 스몰러 원

**Conversation**

A: **Could you gift-wrap it?**
B: **Yes, Ma'am.**

선물용으로 포장해 주시겠어요?
네, 사모님.

## 또박또박 쓰면서 말해볼까요?   >> 말하기 <<

✎ May I help you?

✎ Where can I find the shoes?

✎ Which floor is the cosmetics?

✎ I'm just looking.

✎ That's not what I wanted.

✎ Don't you have a smaller one?

 **Unit 04 물건을 고를 때**

>> 녹음을 듣고 소리내어 읽어볼까요?   <<< 듣기 >>>

입어 봐도 될까요?
# Can I try it on?
캐나이 트라잇 온

이건 좀 작네요.
# This is a little tight.
디시저 리를 타잇

이 옷은 무슨 천이에요?
# What material is this dress made of?
왓 메테리얼 이즈 디스 드레스 메이돕

이거 세탁기 돌려도 되나요?
# Is this machine-washable?
이즈 디스 머신-워셔블

저 셔츠 좀 보여주시겠어요?
# Will you show me that shirt?
윌 유 쇼우 미 댓 셧

이걸로 살게요.
# I'll take it.
아일 테이킷

**Conversation**

A: It looks good on you.
B: It fits perfectly. I'll take it.

잘 어울리시네요.
몸에도 딱 맞아요. 이걸로 살게요.

## 또박또박 쓰면서 말해볼까요? >> 말하기 <<

- Can I try it on?

- This is a little tight.

- What material is this dress made of?

- Is this machine-washable?

- Will you show me that shirt?

- I'll take it.

 **Unit 05 물건 값을 흥정할 때**

» 녹음을 듣고 소리내어 읽어볼까요?   듣기

---

너무 비싸요.
# It's too expensive.
잇츠 투 익스펜십

---

가격은 적당하네요.
# The price is reasonable.
더 프라이스 이즈 리즈너블

---

더 싼 것은 없나요?
# Anything cheaper?
애니씽 칩퍼

---

할인해 줄 수 있어요?
# Can you give me a discount?
캔 유 깁 미 어 디스카운

---

깎아주면 살게요.
# If you discount I'll buy.
입퓨 디스카운 아일 바이

---

값은 깎지 마세요, 정찰제입니다.
# We do not bargain. Our prices are fixed.
위 두 낫 바긴. 아워 프라이시즈 알 픽스트

---

**Conversation**

A: **It's out of my budget.**
B: **What's your budget?**

그건 제 예산 밖인데요.
예산이 어느 정도인데요?

>> 또박또박 쓰면서 말해볼까요?    >> 말하기 <<

- It's too expensive.

- The price is reasonable.

- Anything cheaper?

- Can you give me a discount?

- If you discount I'll buy.

- We do not bargain. Our prices are fixed.

 **Unit 06 물건 값을 계산할 때**

>> 녹음을 듣고 소리내어 읽어볼까요?

얼마예요?
# How much is it?
하우 머치 이짓

전부 얼마예요?
# How much are they in all?
하우 머치 알 데이 인 올

세금은 포함되어 있나요?
# Does it include tax?
더짓 인클루드 택스

이건 무료예요?
# Is this free of charge?
이즈 디스 프리 옵 차쥐

계산서를 주세요.
# May I have a receipt?
메아이 해버 리씻

계산이 틀린 것 같은데요.
# I think these figures don't add up.
아이 씽 디즈 퓌거스 돈트 애덥

**Conversation**

A: How much are they in all?
B: Twenty-three dollars including tax.
전부 얼마죠?
세금을 포함해서 23달러입니다.

>> 또박또박 쓰면서 말해볼까요?   >> 말하기 <<

- How much is it?

- How much are they in all?

- Does it include tax?

- Is this free of charge?

- May I have a receipt?

- I think these figures don't add up.

 **Unit 07 포장이나 배달을 원할 때**

>> 녹음을 듣고 소리내어 읽어볼까요?  듣기

이것 좀 포장해 주세요.
# Could you wrap this?
쿠쥬 랩 디스

선물용으로 포장해 주세요.
# Wrap it up for a gift.
랩 이럽 풔러 깁트

선물용으로 포장하는 데 추가로 비용이 드나요?
# Is there any extra charge for gift-wrapping?
이즈 데어래니 엑스트라 차쥐 풔 깁트-랩핑

이걸 따로따로 포장해 주세요.
# Wrap them separately.
랩 댐 새퍼러틀리

배달해 줍니까?
# Do you deliver?
두 유 딜리버

그걸 이 주소로 배달해 주세요.
# Please deliver them to this address.
플리즈 딜리버 뎀 투 디스 어드레스

 **Conversation**
A: **Do you deliver?**
B: **No, we don't.**
배달 되나요?
아뇨, 안 됩니다.

## 또박또박 쓰면서 말해볼까요?

>> 말하기 <<

✏ Could you wrap this?

✏ Wrap it up for a gift.

✏ Is there any extra charge for gift-wrapping?

✏ Wrap them separately.

✏ Do you deliver?

✏ Please deliver them to this address.

# Unit 08 교환이나 환불을 원할 때

>> 녹음을 듣고 소리내어 읽어볼까요?

 듣기

---

이걸 교환해 주시겠어요?
## Can I exchange this?
캐나이 익스체인쥐 디스

---

다른 것으로 바꿔 주시겠어요?
## Would you exchange it for another?
우쥬 익스체인짓 퍼 어나더

---

여기 영수증 있습니다.
## Here's the receipt.
히어즈 더 리씻

---

전혀 작동하지 않습니다.
## It doesn't work at all.
잇 더즌ㅌ 웍 애롤

---

이걸 환불해 주시겠어요?
## May I have a refund on this, please?
메아이 해버 리펀드 온 디스, 플리즈

---

이 표를 환불 받고 싶은데요.
## I'd like to get a refund on this ticket.
아이드 라익 투 게러 리펀드 온 디스 티킷

---

**Conversation**

A: Would you exchange this for another?
B: Yes, of course. Do you have the receipt?

이걸 다른 것과 교환해 주시겠습니까?
물론이죠. 영수증 가지고 계십니까?

## 또박또박 쓰면서 말해볼까요?

- Can I exchange this?

- Would you exchange it for another?

- Here's the receipt.

- It doesn't work at all.

- May I have a refund on this, please?

- I'd like to get a refund on this ticket.

 # Unit 09 물건을 분실했을 때

» 녹음을 듣고 소리내어 읽어볼까요?  듣기

지갑을 잃어버렸어요.
## I lost my wallet.
아이 로슷 마이 월릿

여권을 잃어버렸어요.
## I have lost my passport.
아이 햅 로슷 마이 패스폿

그걸 어디서 잃어버렸는지 기억이 안 나요.
## I don't remember where I left it.
아이 돈ㅌ 리멤버 웨어라이 랩팃

택시에 가방을 두고 내렸어요.
## I left my bag in a taxi.
아이 렙트 마이 백 이너 택시

이 근처에서 가방 하나 보셨어요?
## Did you see a bag around here?
디쥬 씨 어 백 어라운 히얼

분실물 센터는 어디입니까?
## Where is the lost and found?
웨어리즈 더 로슷 앤 퐈운드

A: **Where have you lost it?**
B: **I can't quite remember.**
　어디서 잃어버렸나요?
　기억이 가물가물해요.

## 또박또박 쓰면서 말해볼까요?

✏ I lost my wallet.

✏ I have lost my passport.

✏ I don't remember where I left it.

✏ I left my bag in a taxi.

✏ Did you see a bag around here?

✏ Where is the lost and found?

# 도난당했을 때

>> 녹음을 듣고 소리내어 읽어볼까요?

듣기

지갑을 잃어버렸어요.
## I lost my purse.
아이 로슷 마이 펄스

---

도난신고를 하고 싶어요.
## I'd like to report a theft.
아이드 라익 투 리포터 쎄프트

---

옷가방을 도난당했어요.
## I had my suitcase stolen.
아이 햇 마이 슛케이스 스톨른

---

지갑을 소매치기 당한 것 같아요.
## My wallet was taken by a pickpocket.
마이 월릿 워즈 테이큰 바이 어 픽포킷

---

소매치기야!
## Pickpocket!
픽포킷

---

경찰을 불러 주세요.
## Call the police!
콜 더 폴리스

---

A: **My purse was stolen!**
B: **Oh, report the card missing first.**

지갑을 도둑 맞았어요!
어머나, 카드분실 신고부터 하세요.

## 또박또박 쓰면서 말해볼까요?   >> 말하기 <<

- I lost my purse.

- I'd like to report a theft.

- I had my suitcase stolen.

- My wallet was taken by a pickpocket.

- Pickpocket!

- Call the police.

 대화 연습 **PART 06**

● 대화 내용의 녹음을 듣고 우리말을 영어로 말해 보세요.

**Unit 01**

A: 쇼핑하기에 어디가 좋죠?
B: **5th(fifth) Avenue is good.**

**Unit 02**

A: 매장 안내도 있나요?
B: **Yes, sir. Here you are.**

**Unit 03**

A: 선물용으로 포장해 주시겠어요?
B: **Yes, Ma'am.**

**Unit 04**

A: **It looks good on you.**
B: **It fits perfectly.**
  이걸로 살게요.

**Unit 05**

A: 그건 제 예산 밖인데요.
B: **What's your budget?**

**Unit 06**

A: 전부 얼마죠?
B: **Twenty-three dollars including tax.**

**Unit 07**

A: 배달 되나요?
B: **No, we don't.**

**Unit 08**

A: 이걸 다른 것과 교환해 주시겠습니까?
B: **Yes, of course. Do you have the receipt?**

**Unit 09**

A: **Where have you lost it?**
B: 기억이 가물가물해요.

**Unit 10**

A: 지갑을 도둑 맞았어요!
B: **Oh, report the card missing first.**

142 ● 쓰면서 말해봐 여행편